Walter Ivan de Azevedo

Festa do Perdão

Subsídio para a catequese de iniciação cristã

Paulinas

Dados Internacionais de Catalogação na Publicação (CIP)
(Câmara Brasileira do Livro, SP, Brasil)

Azevedo, Walter Ivan de
   Festa do perdão : subsídio para catequese da iniciação cristã / Walter Ivan de
Azevedo. – 1. ed. – São Paulo : Paulinas, 2012. – (Coleção cartilhas)

   Bibliografia
   ISBN 978-85-356-2999-6

   1. Catequese - Igreja Católica 2. Evangelização I. Título. II. Série.

11-13804   CDD-268.82

Índice para catálogo sistemático:
1. Catequese : Igreja Católica   268.82

Citações Bíblicas: *Bíblia Sagrada*. Tradução da CNBB, 7. ed., 2008.

1ª edição – 2012
3ª reimpressão – 2015

Direção-geral: *Bernadete Boff*
Editores responsáveis: *Vera Ivanise Bombonatto*
e Antonio Francisco Lelo
Copidesque: *Mônica Elaine G. S. da Costa*
Coordenação de revisão: *Marina Mendonça*
Revisão: *Ruth Mitzuie Kluska*
Gerente de produção: *Felício Calegaro Neto*
Projeto gráfico: *Wilson Teodoro Garcia*
Ilustrações: *Walter Ivan de Azevedo*
Foto de capa: *Wanderson Cardoso Alves*

Nenhuma parte desta obra poderá ser reproduzida ou transmitida
por qualquer forma e/ou quaisquer meios (eletrônico ou mecânico,
incluindo fotocópia e gravação) ou arquivada em qualquer sistema ou
banco de dados sem permissão escrita da Editora. Direitos reservados.

Paulinas

Rua Dona Inácia Uchoa, 62
04110-020 – São Paulo – SP (Brasil)
Tel.: (11) 2125-3500
http://www.paulinas.org.br – editora@paulinas.com.br
Telemarketing e SAC: 0800-7010081
© Pia Sociedade Filhas de São Paulo – São Paulo, 2012

Sumário

Prefácio 5

Introdução 7

Jesus veio para perdoar 9
   Jesus e a pecadora 9
   Jesus e Zaqueu 10
   Jesus e o bom ladrão 12
   O Ressuscitado perdoa 13

A presença e ação do Espírito Santo na vida de Jesus 16

O perdão do Pai 18
   O filho pródigo 18
   O Bom Pastor 20

Mas o que é o pecado? 23
   O pobre Lázaro 24

A confissão 26
   O exame de consciência 26
   Também as omissões 28
   O arrependimento 29
   O ato da confissão 31
   O propósito 33
   A absolvição 34
   A penitência 35

Como prevenir novas quedas e perseverar na prática do bem? ... 38

Bibliografia 40

Prefácio

Na vida de cada um, há diversos momentos decisivos: um dia nós nascemos; em seguida, recebemos alimento; tornamo-nos adultos; pelos remédios nos curamos das doenças; escolhemos um estado de vida e um dia morremos.

Deus preparou-nos uma vida sobrenatural. Nela nascemos pelo Batismo. Alimenta-nos a alma a Eucaristia. Pela Crisma nos tornamos adultos na fé. Curamos as feridas da alma pela Penitência. Escolhemos um estado de vida pela Ordem ou pelo Matrimônio e, enfim, temos o conforto da Unção dos Enfermos numa doença grave ou na aceitação da morte.

Os três primeiros constituem os sacramentos da iniciação cristã. Os outros são chamados sacramentos da cura e do serviço da comunhão entre os cristãos.

Muitos catequistas, no exercício de sua missão, anseiam por subsídios em que encontrem o essencial que os ajude a prepararem-se para ser catequistas da iniciação cristã e da Penitência.

Festa do Perdão chega a suas mãos, caro catequista, com essas características e, ao mesmo tempo, apresenta os princípios mais importantes sobre o assunto, além de complementar-se com mais três livros: *Sou batizado... e daí?*; *O Creio e o sacramento da Crisma* e *O Pão da vida*.

O tempo de evangelização para a iniciação na vida cristã de jovens ou adultos pode levar um ou mais anos, conforme a orientação de cada Diocese. Como não se trata de um exercício intelectual para ilustrar o conhecimento, mas de uma educação da fé, só tem sentido se, durante o tempo da catequese, o batizado viver essa fé na participação comunitária do Sacrifício da Missa, centro e ápice da vida cristã, e na prática da caridade.

Introdução

O sacramento da Penitência é mesmo uma festa? Sem dúvida. Pois o pai do filho pródigo, na parábola contada por Jesus (cf. Lucas 15,11-32), não o recebeu com festa, quando voltou arrependido?

Por que então considerar o sacramento da Penitência uma obrigação penosa, se é essencialmente um retorno nos braços de um Pai amoroso?

Façamos dele o momento alegre de reconciliação e de ressurreição para uma nova vida. Pois, reconhecer as próprias faltas e assumir uma atitude de conversão e mudança de vida é o que mais convém ao cristão. Como o filho pródigo, percebemos nossos limites e queremos corresponder ao amor generoso do Pai.

Quando ainda estava longe, o filho pródigo foi avistado pelo pai, que, tomado de compaixão, corre ao seu encontro e o cobre de beijos (Lucas 15,20).

Jesus veio para perdoar

Jesus e a pecadora

Lei severa e cruel a dos hebreus daquele tempo. A mulher que fosse surpreendida traindo o marido tinha de ser morta a pedradas.

É o que ia fazer aquela turma, comandada pelos escribas e fariseus. E já arrastavam a moça para fora do Templo, quando viram Jesus sentado, ensinando (cf. João 8,2-11):

— Mestre, essa mulher é adúltera. A Lei nos manda apedrejar tais pessoas. E tu, o que dizes?

Tentavam, na sua malícia, fazer Jesus cair em contradição sobre qualquer palavra que proferisse a favor ou contra aquela lei.

Mas ele, em silêncio, pôs-se a escrever na areia, talvez os pecados daqueles acusadores. Conhecia muito bem o coração deles.

Como continuaram a insistir por uma resposta, levantou-se e disse:

— Quem estiver sem pecado atire a primeira pedra!

Começando pelos mais velhos, todos, um a um, foram retirando-se envergonhados, após deixar cair no chão, furtivamente, a pedra que levavam.

Ficando sozinhos, Jesus perguntou:

— Ninguém te condenou, mulher?

— Ninguém, senhor – respondeu trêmula.

— Eu também não te condeno. Vai e não peques mais.

"Não peques mais." Não justificava o pecado daquela mulher, mas dava-lhe tempo e oportunidade para se converter e mudar de vida.

Jesus é assim. Mesmo um pecado grande como o adultério encontra imediatamente o perdão, se a pessoa que pecou abandona decididamente o mal cometido.

Ao mesmo tempo, Jesus envergonha aqueles que facilmente julgam e condenam os outros, quando perante Deus têm a alma carregada de pecados e é merecedora de condenação.

Jesus e Zaqueu

O velho Zaqueu vivia em Jericó. Avarento, manobrava o dinheiro com desonestidade. Sua profissão de publicano (coletor de impostos) tornava-o odiado por todos como pecador:

— Ele colabora com os romanos, nossos opressores!

Baixinho de estatura, não conseguia ver Jesus, quando este entrou em Jericó cercado pela multidão. Por isso, subiu em uma árvore – uma figueira –, disposto a espiar de lá, meio escondido entre a folhagem, a passagem do Mestre. Mas não esperava por aquilo que aconteceu.

Jesus parou bem debaixo da árvore, olhou para cima e chamou-o pelo nome:

— Zaqueu, desce depressa, que hoje vou almoçar na tua casa.

O baixinho quase despencou pela surpresa. Mas foi com enorme alegria que o recebeu em casa e... olhem só que mudança no seu coração a simples presença de Jesus conseguiu produzir:

— Senhor, a metade de meus bens darei aos pobres. E se prejudiquei alguém no meu trabalho, vou devolver quatro vezes mais (cf. Lucas 19,1-10).

Jesus é assim. Não recusa sua amabilidade nem mesmo a quem o procura cheio de pecados.

E reprovou com energia a atitude dos que se escandalizaram porque se sentou à mesa daquele pecador:

— Eu vim justamente para salvar o que estava perdido.

Jesus e o bom ladrão

Condenado à morte de maneira extremamente injusta por seus inimigos, Jesus agonizava na cruz, ladeado por dois ladrões.

Um deles, repetindo os escárnios dos fariseus e escribas que se postavam ao pé da cruz, exclamava cheio de raiva:

— Se tu és o Cristo, salva-te a ti mesmo e a nós!

O outro condenado, profundamente impressionado pela atitude com que Jesus aceitava o sofrimento sem se lamentar, repreendia o companheiro de suplício:

— Cala-te! É justo o que sofremos, pois estamos recebendo o castigo merecido. Mas este não fez nada de mal.

E reconhecendo naquele Homem coroado de espinhos um Rei, naquele Homem cravado à cruz com pregos o verdadeiro Deus, exclama num estupendo ato de fé:

— Lembra-te de mim quando estiveres no teu Reino!

A resposta veio ainda mais estupenda:

— *Hoje* estarás comigo no Paraíso.

E olhando para seus acusadores, aquele Rei, Filho de Deus, proferiu pouco antes de morrer a sublime súplica do perdão:

— Pai, perdoa-lhes. Não sabem o que fazem.

Jesus é assim. No mesmo momento em que é mais ofendido, anseia em converter, perdoar e salvar.

O Ressuscitado perdoa

E aí? Depois da sua morte, acabaram para os homens as possibilidades de serem perdoados? Nunca mais ouvirão sua frase confortadora: "Tua fé te salvou"?

Não poderia ficar assim.

Na noite daquele domingo após a sua ressurreição, os apóstolos, acabrunhados e perplexos pelo horror inexplicável da sua paixão e morte, reuniam-se em Jerusalém a portas fechadas por medo dos judeus (cf. João 20,19-23).

De súbito, ouviram a frase de saudação, própria dos hebreus:

— *Shalom!* A paz esteja com vocês!

Era Jesus, vivo e ressuscitado, no meio deles! Encheram-se de extraordinária alegria ao vê-lo.

Ele repete:

— A paz esteja com vocês. Como o Pai me enviou, eu os envio agora.

E soprando sobre eles, num gesto simbólico:

— Recebam o Espírito Santo. Os pecados que vocês perdoarem, eu também perdoo. Os que vocês retiverem, eu retenho-os.

Jesus primeiro vinha trazer a paz àqueles corações amargurados e sem rumo depois do que tinha acontecido ao Mestre. O indizível sofrimento de Jesus nos dias anteriores os deixara cheios de dúvidas quanto à sua pessoa e sua missão, e exclamavam perplexos:

— Será mesmo ele o Salvador prometido pelos profetas?

Cheios de medo e acabrunhamento diante da aparente vitória de seus inimigos, escondiam-se naquela sala.

Jesus veio-lhes devolver a certeza e a confiança de que estava vivo e triunfante diante de todos os inimigos presentes e futuros.

Essa paz, ampla e confortadora, eles estarão encarregados de levar daquele momento em diante a todos os que se sentirem esmagados pelos seus pecados.

Com aquele gesto simbólico de soprar sobre eles, Jesus antecipa a presença do Espírito Santo antes mesmo do dia de Pentecostes, para que os apóstolos possam tornar-se instrumentos da misericórdia divina, perdoando os pecados e colocando à disposição da Igreja para sempre nesta terra, na pessoa dos confessores, a sua vontade de perdoar.

Em sua exortação apostólica *Reconciliação e penitência* (n. 29), João Paulo II exclama, maravilhado:

"Esta é uma das mais formidáveis novidades evangélicas! Jesus confere esse poder aos Apóstolos e aos seus sucessores, investidos pelos mesmos Apóstolos na missão e na responsabilidade de continuar a sua obra de anunciadores do Evangelho e de ministros da obra redentora de Cristo".

Jesus havia dito em outra ocasião, primeiro a São Pedro, depois aos apóstolos em conjunto:

[...] tudo o que ligardes na terra será ligado no céu, e tudo o que desligardes na terra será desligado no céu (Mateus 18,18).

Trata-se não só do poder de perdoar ou não perdoar, conforme as disposições do pecador, mas também de refazer nossa amizade com Deus, e neste ato reconciliar-nos também com a comunidade da Igreja, a quem escandalizamos com nossas faltas.

Em favor dos pagãos que se convertiam ao cristianismo e abandonavam o pecado, ele instituiu o Batismo, que lhes outorgava o perdão e a graça santificante.

Em favor dos cristãos que recaíam no pecado, ele conferiu à Igreja, na pessoa dos apóstolos e seus sucessores, a faculdade de "ligar", isto é, impor certas condições que os conduzem à correção e à conversão.

Cumpridas as condições e assim "desligados" delas, podem perdoá-los e reconciliá-los com a comunidade cristã. Por vontade de Cristo, o perdão conferido pelos ministros da Igreja é o mesmo perdão conferido por Deus.

A presença e ação do Espírito Santo na vida de Jesus

"Recebam o Espírito Santo"... Você já reparou como em todos os mistérios – os acontecimentos que trazem salvação – sucedidos na vida de Jesus o Espírito Santo está presente com sua ação santificante?

Na Encarnação do Filho de Deus, por exemplo. O anjo Gabriel apresenta-se a Maria e a saúda:

— Ave, cheia de graça. Por vontade divina, você vai ser a mãe do Filho de Deus.

— Como, se eu não conheço homem?

— O que acontecerá em você será por obra do Espírito Santo, pois nada é impossível para Deus.

— Faça-se em mim a sua vontade.

E ela tornou-se mãe de Deus.

Disse estas palavras no segredo do quarto de Maria. Mas sua prima Isabel encarregou-se, "cheia do Espírito Santo" – diz o evangelho – de tornar pública a sua condição de mãe de Deus, exclamando:

— Donde me vem a honra de ser visitada pela mãe do meu Senhor?

Foi o Espírito Santo que lhe inspirou essas palavras. Assim, por iniciativa dele, o mistério da maternidade divina de Santa Maria foi proclamado abertamente ao mundo.

Mais tarde, por ocasião do batismo dado por São João, o Espírito Santo, surgindo em forma de pomba, veio para consagrar Jesus na sua missão de Salvador.

Por fim, na última ceia com seus apóstolos antes de sofrer, Jesus profere sobre o pão e o vinho as seguintes palavras:

— Isso é o meu corpo. Esse é o cálice do meu sangue. Façam de agora em diante o mesmo em memória de mim.

Fiéis a esse mandato, os apóstolos e hoje os padres celebram a Missa e nela suplicam antes da Consagração: "Que o Espírito Santo santifique este pão e este vinho, para que Jesus os transforme em si mesmo".

É de novo o Espírito Santo chamado a santificar as ofertas, "para que Jesus venha".

Depois da Consagração, é invocado de novo, desta vez em favor da Igreja, o povo de Deus. Assim, o Espírito Santo continua sempre presente na Igreja, como nos mistérios da vida de Jesus, a inspirar os pecadores a reconciliarem-se com Deus.

O perdão do Pai

Mas quem é, afinal, que nos perdoa, por meio dos méritos de Jesus, se nos apresentamos arrependidos?

É o Pai que está nos céus. Justamente porque é pai, não quer ver perdidos seus filhos.

Como sabemos disso?

O próprio Jesus, que instituiu o sacramento do Perdão, revela-nos essa verdade na estupenda comparação que fez entre o Pai eterno e os pais que vivem nesta terra, na parábola que segue.

O filho pródigo

Um homem tinha dois filhos. O filho mais novo disse ao pai: "Pai, dá-me a parte da herança que me cabe". E o pai dividiu os bens entre eles. Poucos dias depois, o filho mais novo juntou o que era seu e partiu para um lugar distante. E ali esbanjou tudo numa vida desenfreada. Quando tinha esbanjado tudo o que possuía, chegou uma grande fome àquela região, e ele começou a passar necessidade. Então, foi pedir trabalho a um homem do lugar, que o mandou para seu sítio cuidar dos porcos. Ele queria matar a fome com a comida que os porcos comiam, mas nem isto lhe davam. Então caiu em si e disse: "Quantos empregados do meu pai têm pão com fartura, e eu aqui, morrendo de fome. Vou voltar para meu pai e dizer-lhe: 'Pai, pequei contra Deus e contra ti; já não mereço ser chamado teu filho. Trata-me como a um dos teus empregados'". Então ele partiu e voltou para seu pai. Quando ainda estava longe, seu pai o avistou e foi tomado de compaixão. Correu-lhe ao encontro, abraçou-o e o cobriu de beijos. O filho, então, lhe disse: "Pai, pequei contra Deus e contra ti. Já não mereço ser chamado teu filho". Mas o pai disse aos empregados: "Trazei depressa a melhor túnica para vestir meu filho. Colocai-lhe um anel no dedo e sandálias nos pés. Trazei um novilho gordo e matai-o, para comermos e festejarmos. Pois este meu filho estava morto e tornou a viver; estava perdido e foi encontrado". E começaram a festa (Lucas 15,11-24).

São palavras de Jesus. Repare só, caro leitor.

Aquele pai vê seu filho partir. Sente profundamente e deplora aquela falta de amor filial, mas não o amaldiçoa. Em vez disso, espera confiante que ele volte.

Assim faz conosco o Pai que está nos céus.

E quando ele retorna, não lhe fecha a porta diante da face, como o filho temia e sabia merecer. Por isso, havia ensaiado tantas vezes as palavras: "Faz de mim teu empregado".

O pai não só espera. Corre ao filho ao divisá-lo na estrada, abraça-o com efusão e, sobretudo, faz festa!

Como, festa?! Por um filho que havia dilapidado seus bens com mulheres e com orgias? Ao vê-lo voltar, aquele pai amoroso esqueceu seus desmandos. Só viu diante de si o filho arrependido, aquele que, perdido, fora encontrado. Aquele que, morto, voltara à vida.

Igual a ele é o Pai que está nos céus... conosco.

Por isso, se voltarmos a ele, a confissão é uma festa. Somos como um filho arrependido que volta e lança-se nos braços do Pai e é recebido com amor e compaixão. Um Pai que nunca deixou de amá-lo. Festa da libertação, pois quem caiu no pecado tornou-se escravo da sua própria maldade.

O Bom Pastor

Jesus vai mais além do que o pai da parábola: não se contendo em esperar nossa volta, corre ao encontro de quem dele se afastou. A parábola da ovelha perdida é a imagem do que faz Jesus conosco. É o bom pastor que sai à procura da ovelha que fugiu. E ao encontrar, não a maltrata. Carrega-a nos ombros. E ao chegar, chama os outros pastores... para quê? Para fazer festa (cf. Lucas 15,4-7)!

É ou não uma festa a confissão? É a festa da acolhida, pois se trata de um encontro de amor entre pai e filho, entre você e o maior de todos os pais, cheio de ternura e que se realiza através do humilde ofício do sacerdote.

O confessor jamais fará o papel do irmão mais velho na parábola acima descrita. Por orgulho, egoísmo e ciúme, endureceu o coração e, vendo-o voltar, se recusou a chamá-lo de irmão.

O filho mais velho estava no campo. Ao voltar, já perto de casa, ouviu música e barulho de dança. Então chamou um dos criados e perguntou o que estava acontecendo. Ele respondeu: "É teu irmão que voltou. Teu pai matou o novilho gordo, porque recuperou seu filho são e salvo". Mas ele ficou com raiva e não queria entrar. O pai, saindo, insistiu com ele [...]: "Filho, tu estás sempre comigo, e tudo o que é meu é teu. Mas era preciso festejar e alegrar-nos, porque este teu irmão estava morto e tornou a viver, estava perdido e foi encontrado" (Lucas 15,25-32).

O confessor, como aquele pai, enche-se de alegria diante da conversão de quem, na sua frente, confessa com humildade suas culpas. E não se espanta com a gravidade delas, pois sabe que todos, também o próprio confessor, somos fracos e capazes de cair. São João, o apóstolo, proclama:

Se dizemos que não temos pecado, enganamo-nos a nós mesmos [...] (1 João 1,8).

Entre os ofícios do sacerdote, sem dúvida o mais cansativo e espinhoso é o de confessor. Quantas vezes passa horas atendendo a fila dos fiéis que vêm se confessar! Mas o "ministério do perdão" é o ofício em que ele mais se sente padre, porque constata quanto a graça de Deus pode mudar as pessoas, transformando-as, como ao filho pródigo, de escravos do pecado em filhos felizes acolhidos pelo Pai.

Tudo isso é possível numa confissão sincera.

Por essa razão, é importante olharmos esse sacramento com a alegria e a gratidão de quem corre para a festa da reconciliação; e estudarmos com seriedade como agir para nos dispormos a uma confissão benfeita.

Bem-disposto é aquele que deseja fazer tudo como Jesus prescreveu na sua bondade, e não do jeito que lhe vem à cabeça. Não façamos como aquele arrogante que proclama: "Para que quero o padre? Eu me confesso diretamente com Deus!".

É claro que quem se confessa com o padre está se dirigindo diretamente a Deus no seu pedido de perdão. Cada um não pode inventar um caminho próprio e pessoal de se reconciliar com Deus. O padre é um instrumento escolhido por Jesus.

É como um pincel nas mãos habilidosas do pintor, para refazer na nossa alma o esplendor de sua graça. Após um quadro benfeito, ninguém agradece e elogia o pincel, mas o pintor. Jesus fundou a Igreja exatamente como mediadora do seu perdão. Para termos a certeza desse perdão, temos de relatar ao representante de Deus os nossos pecados, aceitando a palavra de Jesus, que disse aos apóstolos e seus sucessores:

Quem vos escuta, a mim escuta; e quem vos despreza, a mim despreza (Lucas 10,16).

Também o padre confessa-se. Nenhum padre pode absolver a si mesmo de seus pecados.

Mas o que é o pecado?

Que é o pecado? Como é que eu sei que esta ou aquela ação é pecado ou não é?

Deus é o Bem, o Amor infinito e eterno. O homem sente que todas as coisas, mesmo as boas, são limitadas, não duram. Por isso, anseia naturalmente alcançar o Bem supremo, o bem que não acaba.

Pecado é aversão a Deus, é excluir esse Bem supremo e infinito pela conversão de nós mesmos a uma coisa criada, limitada, imperfeita.

Todos os pecados são ofensa a Deus, porque substituem ao amor de Deus o amor às coisas deste mundo. É uma contradição à tendência natural do homem para o Bem supremo. Todas as coisas que existem, por terem sido criadas por Deus, são boas em si. Mas se você escolhe uma delas – o dinheiro, por exemplo, ou o prazer – e a coloca acima ou no lugar de Deus, eis o pecado.

Isso pode acontecer? Sim. O filho pródigo, por amor ao dinheiro, calcou aos pés o amor ao seu pai. Voltou as costas ao seu pai. Pecado é voltar as costas ao Pai.

São Paulo apóstolo, em suas cartas, faz várias vezes uma lista daquelas ações que nos afastam de Deus. E chama de idolatria a cobiça pelo dinheiro, a avareza, a inveja, a impureza. Idolatria é adorar deuses falsos. O avarento, o cobiçoso de dinheiro, de prazer ou do poder coloca esses bens acima de Deus e como que os adora.

O pecado produz, além disso, uma desordem interior. Deus nos fez livres para escolher o que nos leva à comunhão com ele, fonte da verdadeira felicidade, e com os outros seres humanos. A nossa natureza impele-nos a amar a Deus sobre todas as coisas.

Colocar o amor delas acima do de Deus transtorna todo o nosso interior, diminui a liberdade e nos faz escravos do amor desordenado pelas coisas passageiras. A reconciliação com Deus leva-nos a uma reordenação de nossa alma em direção ao fim último do homem, onde reside a sua eterna felicidade.

Desde a antiguidade, Deus fez uma aliança primeiro com os hebreus; depois, com a vinda de Jesus, essa aliança estendeu-se a todos os povos que aceitam a fé em Cristo. O pecado destrói essa aliança, tira a paz interior, diminui a liberdade de agir em direção ao bem.

Mas há pecados que nos afastam gravemente de Deus e, por isso, são chamados de mortais. E os que diminuem ou retardam nossa adesão à vontade de Deus: os veniais.

Não devemos nos esforçar demais para distinguir se um pecado é leve ou grave. Quem realmente ama o seu pai aqui na terra com amor sincero esforça-se para não magoá-lo nem em coisas graves, nem leves. Assim também quem ama o Pai celeste.

As nossas ações devem ser guiadas pelo amor. O próprio temor de Deus, que a Bíblia chama de "princípio da sabedoria" (Provérbios 1,7 e 9,10), consiste propriamente no receio de ofender a Deus porque é Pai, e aos outros porque, como filhos de Deus, somos todos irmãos amados pelo Pai. Deveria ser esse o único motivo que nos impelisse a não agir contra o seu amor e o dos irmãos.

Quando, porém, o motivo do amor é insuficiente para nos afastar do pecado, Deus chama-nos à consciência de que existe o castigo do pecado, castigo eterno que devemos temer.

O pobre Lázaro

Lembremo-nos da parábola do rico epulão contada por Jesus:

Havia um homem rico, que se vestia com roupas finas e elegantes e dava festas esplêndidas todos os dias. Um pobre, chamado Lázaro, cheio de feridas, ficava sentado no chão junto à porta do rico. Queria matar a fome com as sobras que caíam da mesa do rico, mas, em vez disso, os cães vinham lamber suas feridas.

Quando o pobre morreu, os anjos o levaram para junto de Abraão. Morreu também o rico e foi enterrado. Na região dos mortos, no meio dos tormentos, o rico levantou os olhos e viu de longe Abraão, com Lázaro ao seu lado. Então gritou: "Pai Abraão, tem compaixão de mim! Manda Lázaro molhar a ponta do dedo para me refrescar a língua, porque sofro muito nestas chamas". Mas Abraão respondeu: "Filho, lembra-te de que durante a vida recebeste teus bens e Lázaro, por sua vez, seus males. Agora, porém, ele encontra aqui consolo e tu és atormentado. Além disso, há um grande abismo entre nós: por mais que alguém desejasse, não poderia passar daqui para junto de vós, e nem os daí poderiam atravessar até nós". O rico insistiu: "Pai, eu te suplico, manda então Lázaro à casa de meu pai, porque eu tenho cinco irmãos. Que ele os avise, para que não venham também eles para este lugar de tormento". Mas Abraão respondeu: "Eles têm Moisés e os Profetas! Que os escutem!" O rico insistiu: "Não, Pai Abraão. Mas se alguém dentre os mortos for até eles, certamente vão se converter". Abraão, porém, lhe disse: "Se não escutam a Moisés, nem aos Profetas, mesmo se alguém ressuscitar dos mortos, não acreditarão" (Lucas 16,19-31).

Temer o pecado

Com essa história, Jesus claramente indica que, se não basta o amor para nos convertermos, que o façamos por temor, pois o castigo está à espera de quem não quer abandonar o mal.

Na Bíblia, lê-se que muitas vezes Deus permitiu que viessem grandes castigos ao povo hebreu, quando ele se afastava de Deus. Não era uma mera punição. Tinha o valor de despertar o povo da sua indiferença e induzi-lo a mudar de procedimento. Era um instrumento de salvação, tal como aconteceu com o filho pródigo, que só notou sua infelicidade quando caiu na miséria.

Assim também acontece conosco: o sofrimento que vier devido a algum pecado é um chamado de Deus à conversão.

Mas é certo também que um pecado depende do grau de conhecimento e de liberdade que alguém tem ao cometê-lo. Se você não tem clara consciência da gravidade de uma ação ou se não tem plena liberdade de ação, o seu pecado existe, mas é menor.

A confissão

Se a gente quer receber o perdão de Deus, deve seguir as condições para fazer uma boa confissão, que são as seguintes...

O exame de consciência

Trata-se de pensar nos pecados para distinguirmos a bondade ou a maldade de nossas ações. Isso é difícil?

Se tivermos o costume de, no fim de cada dia, perguntar a nós mesmos: "O que fiz de bem hoje? O que fiz de mal?", torna-se fácil no dia da nossa confissão conhecer o estado da nossa consciência.

Mas, afinal, que é a consciência?

Os animais agem pelo instinto; os homens, pela razão, pela qual eles pensam e podem agir com liberdade. Consciência moral é a capacidade que Deus dá à nossa razão de perceber se um ato praticado ou que estamos para praticar é bom ou mau. É um julgamento que fazemos sobre nós mesmos.

É como uma voz íntima, que não se escuta com os ouvidos, mas que nos enche de remorso e desilusão depois de praticamos um ato mau, e de paz e satisfação na lembrança de um ato bom. Também os pagãos sentiam essa voz íntima. O poeta romano Horácio exclama em um de seus escritos: "Percebo o que é melhor e aprovo. E acabo seguindo o que é pior".

Contudo, que voz é essa? É o Espírito Santo, presente em nós, a advertir-nos sobre a qualidade de nossos atos.

Diz São Paulo que nem sequer um bom pensamento somos capazes de ter sem essa ajuda do Espírito Santo (cf. 2 Coríntios 3,5). Mas quantas vezes nos fazemos surdos a essa ajuda, como aquele poeta!

Escolher segundo a consciência é estar atento a essa voz. Como muitas vezes ficamos indecisos sobre a real qualidade de nossos atos, devemos educar a nossa consciência com a ajuda da Palavra de Deus. Ela é luz que ilumina nossas decisões. Acostumemo-nos a buscar essa Palavra na leitura do Evangelho, na oração e no conselho das pessoas prudentes.

Mas, se tentamos desculpar demais os nossos atos, a nossa consciência pode ir se tornando cega diante dos atos maus e acostumar-se a repeti-los sem remorso. Aí então se instala o vício, que é o pecado ao se transformar de ato passageiro numa atitude, num hábito.

A repetição dos pecados leva as pessoas a viver como se Deus não existisse. É o pecado da indiferença, uma espécie de anestesia espiritual que sufoca aos poucos a voz da consciência e faz a pessoa perder o sentido do pecado, achar que tudo é permitido. Pode levar até a graves desvios morais, com o pretexto de que "todo o mundo faz".

O Papa João Paulo II, na sua exortação apostólica *Reconciliação e Penitência* (n. 18), chama-nos a atenção para esse mal dos nossos tempos: *a perda do sentido de pecado.*

"Restabelecer o justo sentido do pecado é a principal forma de combater a grave crise espiritual que impende sobre o homem do nosso tempo. O sentido do pecado só se restabelece com uma chamada de atenção clara para os inderrogáveis princípios da razão e da fé, que a doutrina moral da Igreja sempre sustentou."

O exame de consciência não é um mero exercício psicológico de introspecção (reflexão sobre si mesmo). É, antes de tudo, uma oração, na qual nos pomos na presença de Deus e iniciamos um diálogo, uma comunicação pessoal com ele.

Por isso, não se limite a fazê-lo somente quando você se prepara para a confissão. Faça dele uma prática diária, breve e cheia de amor. É uma experiência feliz de redenção, isto é, de contato diário com Aquele que nos quer ajudar e perdoar.

Quem, pois, se acostuma a fazer esse breve exame de consciência no final de cada dia, distingue facilmente seus defeitos dominantes – aqueles em que costuma cair mais vezes – e as virtudes que mais falta lhe fazem.

Há quem abandone a confissão por não notar em si melhora, mesmo depois de anos. É um indício de soberba e presunção. Quem se examina diariamente humilha-se ao perceber a repetição das próprias falhas, mas não desanima de buscar a força que lhe vem da graça de Deus.

Um bom exame de consciência deve girar em torno de nossos pensamentos, palavras e ações, tanto em relação a Deus quanto em relação aos nossos semelhantes. Quantas vezes é por esses meios que ofendemos a Deus e ao próximo!

Também as omissões

Ao examinar nossas ações, não devemos nos esquecer das omissões.

Omissão é quando, podendo fazer o bem, deixamos de fazê-lo por negligência ou preguiça.

Você reparou como Jesus leva em conta com muita seriedade as omissões? Na parábola das dez virgens, a omissão de estarem preparadas fechou-lhes as portas para entrar com o esposo (cf. Mateus 25,1-13); na parábola dos talentos, aquele que recebeu só uma moeda foi castigado por não tê-la feito render (25,14-30); na do banquete foi expulso o convidado que omitiu a veste nupcial (22,2-14).

Quantas vezes somos reprovados por Deus por não ter feito o bem que deveríamos fazer!

Não existe verdadeiro amor a Deus sem ser acompanhado pelo amor para com os outros seres humanos, porque em Cristo somos todos irmãos.

Chama-se *pecado social* o egoísmo, a injustiça, a prepotência, a exploração do outro; pecados que causam na sociedade costumes e estruturas de desigualdade entre os homens e opressão sobre os mais fracos.

Não fazer nada contra essa situação, não denunciá-la, não combatê-la dentro das próprias possibilidades é grave omissão de nossa parte. É uma recusa à comunhão com os irmãos.

Maior ainda é o mal se propomos ou arrastamos os outros a colaborarem com as situações e estruturas injustas que excluem os mais fracos e mais pobres. Os Papas Paulo VI e João Paulo II conclamaram com muita insistência os cristãos à responsabilidade de contribuir para que prevaleçam no mundo a fraternidade e o amor sobre o ódio e a indiferença.

Além disso, como cristãos somos membros da Igreja, o povo de Deus, a comunidade de seguidores de Cristo. O pecado de cada um de nós, mesmo o venial, diminui e enfraquece o amor que deve circular nessa comunidade e dificulta em cada um os efeitos da ação santificadora do Espírito Santo.

O arrependimento

Depois de um bom exame, segue-se o arrependimento. A primeira condição que causou a volta do filho pródigo foi cair em si e reconhecer-se pecador. Assim também nós.

Jesus contou uma vez a história do fariseu e do publicano.

Fariseus eram os doutores da Lei no tempo e na terra de Jesus. Muitos deles eram presunçosos e, devido ao cargo que ocupavam, julgavam ser puros, sem pecado.

Publicano era apenas quem exercia o ofício de coletar os impostos, ofício odiado pelos judeus, porque o imposto era somente usufruído pelos romanos que dominavam a nação.

O fariseu entra no Templo e começa a elogiar-se:

30

— Graças, meu Deus, porque não sou como os outros: ladrões, injustos e adúlteros – e olhando de esguelha para o publicano que, atrás, se tinha prostrado – como esse publicano que está aí atrás.

A presunção o faz sentir-se credor de Deus.

O outro, ao contrário, sem nem sequer ousar levantar os olhos, exclamava cheio de tristeza, batendo no peito:

— Tem piedade de mim, ó Deus, porque sou pecador!

Jesus conclui que este voltou para casa justificado e cheio de paz, porque "quem se exalta será humilhado; quem se humilha será exaltado" (cf. Lucas 18,10-14).

A aversão ao próprio pecado já é um início que nos põe em direção às boas obras. Arrependimento não é, pois, uma atitude negativa. É a escolha de um bem maior, pelo abandono daquilo que nos afastou de Deus. É uma libertação.

Está bem claro o ensinamento de Jesus nessa parábola: Deus irrita-se com a presunção de quem é soberbo e orgulhoso como aquele fariseu; ao passo que o seu perdão vem pelo nosso humilde arrependimento.

Arrependimento é sentir tristeza por termos ofendido a Deus e aos outros, seguido pela consciência da nossa indignidade. Como a do filho pródigo: "Pai, não sou digno de ser chamado teu filho". Porém, acompanhada pela confiança de que receberemos o perdão, se tudo fizermos para destruir o pecado.

Judas arrependeu-se quando, atraído pelo dinheiro, traiu Jesus? Sim. Até jogou de volta as moedas que recebera, aos pés daqueles aos quais se tinha vendido. Mas pecou contra a virtude da esperança, pois, em vez de confiar no perdão, enforcou-se. Voltou as costas para o perdão.

Pecado, já o dissemos, é como voltar as costas a Deus. Se você, vendo o sol refletido num espelho, volta esse espelho para o lado da escuridão, não o tem mais refletido. Mas, mesmo com você na escuridão, o sol continua a existir. Assim também, enquanto você se volta para as trevas, Deus continua a existir, a brilhar e ansiar como Pai por seu retorno através do arrependimento. Mas se não nos voltamos de novo para Deus, arriscamos continuar na escuridão para sempre.

Muitos são os cristãos que, mesmo depois de anos, não sabem, no fim de uma confissão, recitar o Ato de Contrição. São palavras tão simples, como as que lemos na liturgia da Missa:

"Confesso a Deus Todo-Poderoso e a vós, irmãos e irmãs, que pequei muitas vezes com pensamentos, palavras, obras e omissões. Por minha culpa, minha tão grande culpa. Por isso, peço perdão a Deus Todo-Poderoso e a vós, irmãos e irmãs, que rogueis por mim a Deus nosso Senhor".

É verdade que se trata de uma fórmula, que pode ser substituída de mil modos pelas nossas próprias palavras. Basta que com elas exprimamos a tristeza de ter ofendido a Deus e ao próximo e o desejo de mudar de vida. Mas se cada dia o pronunciamos com sinceridade após o nosso exame de consciência, em breve torna-se em nós uma oração habitual, uma atitude orante.

O ato da confissão

Para você ter certeza do perdão, precisa fazer como Jesus mandou: recorrer à absolvição do confessor. Mas ele só pode absolver se conhecer os seus pecados. Daí a necessidade da confissão, que é uma acusação que você faz de si mesmo, como num tribunal.

— Então o sacramento da Penitência é um tribunal?

Sim. Mas diferente dos tribunais humanos, onde o promotor acusa, você defende-se e muitas vezes o juiz dá uma sentença de condenação. Neste sacramento o acusador é você mesmo e o juiz, que é Deus, vem para salvar, para conceder o perdão, se você se dispõe a abandonar e compensar o mal cometido.

Deixa assim de ser uma acusação humilhante para se tornar uma alegre acolhida do filho pródigo. Na penitência, por determinação de Jesus, o padre age como pastor, mestre, juiz, irmão e salvador.

32

— Que acusação fazer?

Dos pecados mortais que se cometeu, não se pode omitir nenhum. Quem oculta um pecado por vergonha não recebe o perdão de nenhum, pois Deus conhece-os todos e nada é oculto para ele. Mas aí é que podem vir as dificuldades. Alguém pode objetar: — Como vou me lembrar de todos os pecados da minha vida? Faz mais de vinte anos que não me confesso.

Deus espera nossa confissão sincera de tudo quanto de mal cometemos e de que, após um bom exame de consciência, razoavelmente nos lembramos. Depois desse esforço, você deve concluir com humildade: "Peço perdão também dos pecados de que não me lembro".

Se mesmo assim parecer difícil lembrar os pecados, peça ao confessor que o ajude com perguntas. O seu "sim" ou "não" a elas equivale a uma acusação sincera e a um pedido de perdão.

Entretanto, há um defeito comum que se deve evitar. Na confissão, você não vai perder o seu tempo e o do confessor enumerando suas obras boas, reais ou supostas. Aquele momento não é feito para ostentar as próprias virtudes, como fez o fariseu da parábola, mas de reconhecer os males que cometeu e contá-los com humildade.

Não tenha medo de ser inteiramente sincero. O confessor tem a obrigação grave de guardar segredo. Não pode revelá-los, mesmo com risco da própria vida. Há casos na história da Igreja de confessores que, intimados sob pena de morte a relatar uma confissão ouvida, preferiram morrer antes que violassem essa obrigação.

— E os pecados leves? Tenho de confessá-los também?

Você não tem obrigação. Mas faz bem em confessá-los. Pois a graça de Deus recebida lhe dá forças para ser fiel a Deus também nas obrigações leves para com ele. E os conselhos do confessor funcionam como uma orientação segura para combatê-los no futuro e evitar os mais graves.

— Quantas vezes devo confessar-me?

Se você cometeu um pecado grave, não perca tempo. Corra ao confessor na primeira ocasião possível. Nas circunstâncias comuns, a obrigação da confissão é de pelo menos uma vez por ano. Mas o melhor é adotar uma frequência maior, de acordo com o juízo do seu confessor. Pois todo pecado, mesmo o venial, enfraquece o amor, aumenta a nossa dependência das coisas passageiras deste mundo. A graça de Deus, recebida na confissão, produz efeito contrário.

Por outro lado, a confissão regular também dos veniais ajuda a formar a consciência, a lutar contra as más tendências, a ser dócil ao Espírito Santo e a progredir no amor. Ela existe não só para perdoar os pecados, mas para robustecer a alma com a graça de Deus e receber ajuda pela orientação do confessor.

O propósito

Só existe verdadeiro arrependimento se acompanhado pelo horror ao pecado e pela decisão firme de não voltar a ele. Conversão é volta ao Pai, é mudança de vida, de atitudes, de motivações para nossos atos.

Não é só um ato da nossa vontade. Nela entra o dom, a graça de Deus, que nos ajuda. Essa graça é capaz de mudar os corações mais empedernidos, tal como Deus proclamou pelas palavras do profeta Ezequiel:

Em vos darei um coração novo e porei em vós um espírito novo. Removerei de vosso corpo o coração de pedra e vos darei um coração de carne (Ezequiel 36,26).

— Mas como faço para saber se minha decisão de mudar de vida é firme?

Trate de afastar de si as ocasiões, aquilo que ajudou a fazê-lo pecar. Não é verdade que más leituras, maus filmes, más companhias, más conversas, contribuem para encher sua cabeça de maus desejos? Assim como frequentar certos lugares e conviver com pessoas que convidam para o mal, para a impureza, a intemperança, a injustiça, a fraude? Não evitar isso é arriscar-se a uma recaída.

E a recaída continuada leva ao vício. Como uma planta que, quando acaba de nascer, somos capazes de arrancá-la com dois dedos, mas, se vai crescendo, torna-se tão resistente que nem com motosserra se consegue erradicar, assim é o vício. Corte-o no começo. Do contrário, você torna-se seu escravo. Pergunte aos dependentes químicos se não é assim que acontece.

— O demônio tenta-nos para o mal?

Sim, mas muito mais nos tentam os nossos vícios mal combatidos, algum companheiro depravado e as insinuações do mundo corrompido.

Não venha, porém, com a desculpa de que "é o ambiente que me arrasta". É São Paulo apóstolo que nos assegura:

Não tendes sido provados além do que é humanamente suportável. Deus é fiel e não permitirá que sejais provados acima de vossas forças. Pelo contrário, junto com a provação ele providenciará o bom êxito, para que possais suportá-la (1 Coríntios 10,13).

A Graça de Deus é sempre muito mais forte do que o poder do vício. Confie nela. Quem a ela recorre em tempo consegue superar qualquer vício. Não, porém, quem confia em si mesmo e expõe-se ao perigo, na presunção de que é forte e não vai cair.

A absolvição

Se você é sincero na sua tristeza de ter ofendido ao Pai e no desejo de mudar de vida, Deus perdoa-o no mesmo instante do seu arrependimento. Mas permanece a necessidade de se confessar assim que possível. Por quê?

Não só porque, cumprindo esse preceito que é de Jesus, você cumpre a sua vontade e adquire a certeza de que é perdoado, mas também porque, com seu pecado, você prejudicou aos irmãos e a Igreja, povo de Deus e corpo místico de Cristo, diminuindo nela o amor.

Você atingiu toda a comunidade. Todo pecado tem o seu grau de egoísmo. Você prejudicou os irmãos na fé, tentando construir, como o filho pródigo, um mundo só para si. E já que é impossível pedir perdão a todos os membros da Igreja em conjunto, o confessor é representante também desse povo e em nome dele você recebe o perdão.

Essa verdade – a participação da Igreja no perdão – está bem expressa na fórmula atual da absolvição, proferida pelo confessor: "Deus, Pai de misericórdia, que, pela morte e ressurreição de seu Filho, reconciliou o mundo consigo e enviou o Espírito Santo para a remissão dos pecados, te conceda, *pelo ministério da Igreja, o perdão e a paz.* E eu te absolvo dos teus pecados, em nome do Pai e do Filho e do Espírito Santo".

A penitência

Recebida a absolvição, o confessor prescreve-lhe alguma oração ou obra como penitência.

— Basta esse gesto para expiar os pecados, mesmo os de maior gravidade?

Certamente que não. Exige-se uma compensação maior. A culpa está perdoada, mas a pena persiste, e em vários graus. Se você prejudicou alguém nos seus bens ou na sua honra, está obrigado a uma restituição.

Além disso, no seu propósito de mudar de vida está inserida a disposição de mortificar os sentidos, isto é, controlar as paixões e más inclinações com força de vontade e disposição de fé para não voltar a pecar. Só é sincera uma conversão se existe junto esse esforço de libertação e de abandono do que o fez pecar.

Reconciliar-se é fazer as pazes com Deus. Mas a própria reconciliação é dom de Deus. É iniciativa do Pai, quando enviou Jesus Cristo como Salvador. Foi Cristo pelo seu sacrifício que, abrindo os braços na cruz como num grande abraço, nos reconciliou com o Pai (cf. Romanos 3,10ss). "Com os seus ferimentos veio a cura para nós", profetizou Isaías (53,5).

Todo o poder e a eficácia do sacramento da Penitência e dos sacramentos em geral provêm dos merecimentos de Jesus Cristo, reconciliando-nos com o Pai por meio de seu sofrimento na cruz e por sua ressurreição. Como verdadeiro homem, ele é nosso representante diante do Pai. Como Filho de Deus, seu merecimento é de valor infinito, capaz de resgatar qualquer pecado. Através da Igreja por ele fundada, e dos seus sacramentos, ele aplica aos homens ao longo da história a eficácia dos seus merecimentos.

Somente com o nosso sacrifício, unido ao de Cristo, completa-se uma conversão verdadeira. Diz São Paulo:

> [...] completo, na minha carne, o que falta às tribulações de Cristo em favor do seu Corpo que é a Igreja (Colossenses 1,24).

Se unirmos os nossos atos de penitência aos sofrimentos suportados por Cristo na sua paixão, Deus dá valor infinito a esses atos.

Reconciliar-nos com os outros é o caminho indispensável para garantirmos a nossa reconciliação com Deus. O Evangelho está cheio de mensagens de mansidão, convidando a um esforço para reatarmos nossas relações de amizade e respeito para com os outros:

> [...] quando estiveres levando a tua oferenda ao altar e ali te lembrares que teu irmão tem algo contra ti, deixa a tua oferenda diante do altar e vai primeiro reconciliar-te com teu irmão. Só então vai apresentar a tua oferenda (Mateus 5,23-24).

Nem sequer o que oferecemos a Deus no altar tem valor, se não abolimos primeiro o ódio ou a aversão para com os outros no nosso coração.

> Se alguém disser: "Amo a Deus", mas odeia o seu irmão, é mentiroso; pois quem não ama o seu irmão, a quem vê, não poderá amar a Deus, a quem não vê (1 João 4,20).

Os antigos exigiam a vingança das ofensas: "Olho por olho, dente por dente". Jesus ensinou o contrário:

> [...] se alguém te bater na face direita, oferece-lhe também a esquerda! Se alguém quiser abrir um processo para tomar a tua túnica, dá-lhe também o manto! (Mateus 5,39-40).

Jesus foi mais além, prescrevendo o amor também aos inimigos:

Amai os vossos inimigos e orai por aqueles que vos perseguem! (Mateus 5,44).

Por que até isso? Porque o Pai é assim:

[...] faz nascer o sol tanto sobre os maus como sobre os bons e faz chover sobre os justos e sobre os injustos (Mateus 5,45).

Como prevenir novas quedas e perseverar na prática do bem?

Uma sincera preocupação daquele que se arrependeu e confessou--se é esta: como fazer para não voltar mais para o pecado e permanecer unido a Deus?

Há um meio poderoso para confirmarmos nosso propósito de voltar definitivamente para Deus e para os irmãos, e não retornar ao pecado. Trata-se do mesmo meio que aconselhamos aos que receberam a Crisma: o apoio da comunidade cristã. Participemos da ação pastoral e evangelizadora da Diocese ou Paróquia a que pertencemos. Isso se faz conhecendo os *grupos de ação* que essas duas entidades promovem e inserindo-nos neles.

A pertença a esses grupos, bem como a participação em encontros que renovem os nossos propósitos em união com os irmãos membros da Igreja, é viver periodicamente "momentos fortes de conversão", que garantem a perseverança nas nossas intenções e o crescimento da fé e do amor.

Celebrações penitenciais, retiros, promoções comunitárias de estudo e aprofundamento da Bíblia e, sobretudo, uma vida eucarística vivida em comunhão com a comunidade eclesial, são o ponto alto de amadurecimento da fé e do amor e garantia de perseverança.

Essa participação ativa à comunidade cristã ajuda poderosamente a conservar a nossa fidelidade a Deus. Mas não basta. O que nos faz crescer na fé e no amor é o que fazemos de bem para os outros.

É São João quem diz:

Se alguém possui riquezas neste mundo e vê o seu irmão passar necessidade, mas diante dele fecha o seu coração, como pode o amor de Deus permanecer nele? Filhinhos, não amemos só com palavras e de boca, mas com ações e de verdade! (1 João 3,17-18).

Se você, além de lutar para não voltar ao pecado, trabalha pela salvação dos outros nessas instituições diocesanas ou paroquiais, tem uma forte garantia de perseverança. Quem trabalha para a salvação dos outros garante a sua própria salvação.

A comunhão com os irmãos conserva e aumenta a nossa comunhão com Deus. O bem que fizermos aos outros, Jesus considera como feito a ele mesmo.

É o que ele declarou firmemente, quando proclamou as obras de misericórdia como clara condição para o nosso ingresso no céu:

"Vinde, benditos de meu Pai! Recebei em herança o Reino que meu Pai vos preparou desde a criação do mundo! Pois eu estava com fome, e me destes de comer; estava com sede, e me destes de beber; eu era forasteiro, e me recebestes em casa; estava nu e me vestistes; doente, e cuidastes de mim; na prisão, e fostes visitar-me." Então os justos lhe perguntarão: "Senhor, quando foi que te vimos com fome e te demos de comer? Com sede, e te demos de beber? Quando foi que te vimos como forasteiro, e te recebemos em casa, sem roupa, e te vestimos? Quando foi que te vimos doente ou preso, e fomos te visitar?" Então o Rei lhes responderá: "Em verdade, vos digo: todas as vezes que fizestes isso a um destes mais pequenos, que são meus irmãos, foi a mim que o fizestes!" (Mateus 25,34-40).

Esta é a garantia de que realmente nos reconciliamos com Deus e mudamos de vida: seremos salvos pelo bem que tivermos feito aos outros.

Bibliografia

CATECISMO DA IGREJA CATÓLICA. São Paulo: Paulinas, 1998.

GOEDERT, V. M. *Reconciliação*. São Paulo: Paulinas, 2005.

JOÃO PAULO II. *A misericórdia divina*. Carta encíclica, 1980.

_____. *Reconciliação e penitência*. Exortação apostólica, 1984.

_____. *Sete alocuções sobre a Penitência*. São Paulo: Paulinas, 2002.

REGIDOR, J. R. *Teologia do sacramento da Penitência*. São Paulo: Paulinas, 1989.

RUPNIK, M. I. *O exame de consciência*. São Paulo: Paulinas, 2004.